FRACTIONS DECIMALS & PERCENTS GRADE 4 MATH ESSENTIALS
Children's Fraction Books

All Rights reserved. No part of this book may be reproduced or used in any way or form or by any means whether electronic or mechanical, this means that you cannot record or photocopy any material ideas or tips that are provided in this book

Copyright 2016

FRACTIONS

Convert the following fractions to decimals.

Show your solutions in the space provided.

1) 2 / 10 = ☐   5) 3 / 12 = ☐

2) 4 / 20 = ☐   6) 8 / 18 = ☐

3) 5 / 18 = ☐   7) 7 / 10 = ☐

4) 5 / 12 = ☐   8) 2 / 16 = ☐

9) 5 / 18 = ☐   13) 2 / 36 = ☐

10) 10 / 6 = ☐   14) 7 / 34 = ☐

11) 4 / 32 = ☐   15) 5 / 24 = ☐

12) 8 / 24 = ☐   16) 25 / 22 = ☐

17) 1 / 42 = 21) 25 / 38 =

18) 8 / 40 = 22) 20 / 42 =

19) 17 / 22 = 23) 7 / 44 =

20) 16 / 36 = 24) 11 / 26 =

25) 21 / 46 = [ ]   29) 20 / 44 = [ ]

26) 16 / 50 = [ ]   30) 23 / 36 = [ ]

27) 3 / 32 = [ ]   31) 1 / 36 = [ ]

28) 19 / 26 = [ ]   32) 5 / 36 = [ ]

33) 22 / 40 = ☐   37) 18 / 24 = ☐

34) 17 / 44 = ☐   38) 16 / 32 = ☐

35) 22 / 30 = ☐   39) 24 / 36 = ☐

36) 12 / 24 = ☐   40) 12 / 48 = ☐

41) 33 / 98 =

45) 2 / 88 =

42) 24 / 58 =

46) 11 / 72 =

43) 44 / 56 =

47) 5 / 94 =

44) 16 / 88 =

48) 36 / 86 =

49) 38 / 50 =

53) 39 / 52 =

50) 40 / 84 =

54) 17 / 98 =

51) 48 / 98 =

55) 36 / 76 =

52) 27 / 54 =

56) 5 / 76 =

57) 28 / 88 = 61) 41 / 96 =

58) 16 / 74 = 62) 33 / 90 =

59) 18 / 54 = 63) 49 / 78 =

60) 17 / 60 = 64) 22 / 54 =

65) 37 / 100 = ☐   69) 34 / 64 = ☐

66) 2 / 88 = ☐   70) 40 / 86 = ☐

67) 25 / 54 = ☐   71) 42 / 76 = ☐

68) 49 / 96 = ☐   72) 20 / 62 = ☐

73) 38 / 66 = ☐   77) 5 / 84 = ☐

74) 9 / 96 = ☐   78) 37 / 54 = ☐

75) 40 / 72 = ☐   79) 48 / 80 = ☐

76) 46 / 50 = ☐   80) 6 / 96 = ☐

DECIMALS

Convert the following decimals to percent.

Show your solutions in the space provided.

1) 0.98 = ☐   4) 0.53 = ☐

2) 0.39 = ☐   5) 0.19 = ☐

3) 0.43 = ☐   6) 0.20 = ☐

7) 0.37 =

8) 0.40 =

9) 0.90 =

10) 0.03 =

11) 0.88 =

12) 0.81 =

13) 0.70 = ☐   16) 0.09 = ☐

14) 0.16 = ☐   17) 0.57 = ☐

15) 0.26 = ☐   18) 0.45 = ☐

19) 0.36 = ☐   22) 0.07 = ☐

20) 0.72 = ☐   23) 0.21 = ☐

21) 0.91 = ☐   24) 0.22 = ☐

25) 0.02 = ☐   28) 0.30 = ☐

26) 0.56 = ☐   29) 0.63 = ☐

27) 0.62 = ☐   30) 0.52 = ☐

31) 0.66 = ☐   34) 0.34 = ☐

32) 0.62 = ☐   35) 0.04 = ☐

33) 0.71 = ☐   36) 0.63 = ☐

37) 0.31 = ☐   40) 0.69 = ☐

38) 0.48 = ☐   41) 0.28 = ☐

39) 0.58 = ☐   42) 0.64 = ☐

43) 0.40 = ☐   46) 0.06 = ☐

44) 0.23 = ☐   47) 0.13 = ☐

45) 0.17 = ☐   48) 0.39 = ☐

49) 0.37 = ☐   52) 0.67 = ☐

50) 0.06 = ☐   53) 0.49 = ☐

51) 0.98 = ☐   54) 0.20 = ☐

55) 0.34 = ☐   58) 0.12 = ☐

56) 0.03 = ☐   59) 0.65 = ☐

57) 0.95 = ☐   60) 0.36 = ☐

DECIMALS

ADDITION

Show your solutions in the space provided.

1) 8.89 + 12.52 =

2) 93.19 + 10.00 =

3) 7.59 + 13.88 =

4) 3.61 + 16.07 =

5) 0.04 + 6.57 =

6) 0.99 + 7.05 =

7) 94.71 + 17.76 =

8) 64.12 + 14.68 =

9) 70.53 + 4.03 =

10) 59.87 + 11.13 =

11) 22.65 + 18.16 =   16) 62.28 + 18.88 =

12) 64.39 + 13.71 =   17) 45.69 + 12.73 =

13) 32.77 + 4.38 =   18) 0.06 + 6.34 =

14) 81.96 + 19.53 =   19) 4.65 + 4.79 =

15) 78.38 + 18.05 =   20) 8.91 + 16.65 =

21) 2.42 + 5.64 =

22) 8.31 + 8.91 =

23) 4.17 + 8.48 =

24) 6.11 + 17.65 =

25) 4.01 + 6.57 =

26) 5.35 + 7.61 =

27) 35.00 + 6.22 =

28) 80.16 + 15.51 =

29) 92.36 + 2.11 =

30) 79.70 + 5.32 =

31) 0.64 + 7.19 =   36) 23.61 + 9.16 =

32) 49.47 + 17.98 =   37) 6.11 + 12.13 =

33) 7.44 + 1.68 =   38) 6.59 + 6.58 =

34) 81.24 + 8.35 =   39) 2.88 + 12.44 =

35) 43.43 + 6.12 =   40) 7.97 + 10.03 =

PERCENTS

Convert the following percents to decimals.

Show your solutions in the space provided.

1) 137% = ☐   6) 144% = ☐

2) 115% = ☐   7) 115% = ☐

3) 108% = ☐   8) 46% = ☐

4) 143% = ☐   9) 40% = ☐

5) 54% = ☐   10) 8% = ☐

11) 36% = ☐   16) 47% = ☐

12) 57% = ☐   17) 112% = ☐

13) 84% = ☐   18) 12% = ☐

14) 47% = ☐   19) 38% = ☐

15) 4% = ☐   20) 43% = ☐

21) 20% = ☐   26) 126% = ☐

22) 118% = ☐   27) 53% = ☐

23) 27% = ☐   28) 19% = ☐

24) 6% = ☐   29) 130% = ☐

25) 113% = ☐   30) 12% = ☐

31) 95% = ☐   36) 9% = ☐

32) 57% = ☐   37) 32% = ☐

33) 60% = ☐   38) 39% = ☐

34) 1% = ☐   39) 54% = ☐

35) 127% = ☐   40) 3% = ☐

41) 38% =

46) 146% =

42) 138% =

47) 38% =

43) 77% =

48) 27% =

44) 66% =

49) 44% =

45) 134% =

50) 124% =

ANSWERS

1)	0.20	**17)**	0.02	**33)**	0.55	**49)**	0.76	**65)**	0.37
2)	0.20	**18)**	0.20	**34)**	0.39	**50)**	0.48	**66)**	0.02
3)	0.28	**19)**	0.77	**35)**	0.73	**51)**	0.49	**67)**	0.46
4)	0.42	**20)**	0.44	**36)**	0.50	**52)**	0.50	**68)**	0.51
5)	0.25	**21)**	0.66	**37)**	0.75	**53)**	0.75	**69)**	0.53
6)	0.44	**22)**	0.48	**38)**	0.50	**54)**	0.17	**70)**	0.47
7)	0.70	**23)**	0.16	**39)**	0.67	**55)**	0.47	**71)**	0.55
8)	0.13	**24)**	0.42	**40)**	0.25	**56)**	0.07	**72)**	0.32
9)	0.28	**25)**	0.46	**41)**	0.34	**57)**	0.32	**73)**	0.58
10)	1.67	**26)**	0.32	**42)**	0.41	**58)**	0.22	**74)**	0.09
11)	0.13	**27)**	0.09	**43)**	0.79	**59)**	0.33	**75)**	0.56
12)	0.33	**28)**	0.73	**44)**	0.18	**60)**	0.28	**76)**	0.92
13)	0.06	**29)**	0.45	**45)**	0.02	**61)**	0.43	**77)**	0.06
14)	0.21	**30)**	0.64	**46)**	0.15	**62)**	0.37	**78)**	0.69
15)	0.21	**31)**	0.03	**47)**	0.05	**63)**	0.63	**79)**	0.60
16)	1.14	**32)**	0.14	**48)**	0.42	**64)**	0.41	**80)**	0.06

ANSWERS

1) 98%
2) 39%
3) 43%
4) 53%
5) 19%
6) 20%
7) 37%
8) 40%
9) 90%
10) 3%
11) 88%
12) 81%
13) 70%
14) 16%
15) 26%
16) 9%
17) 57%
18) 45%
19) 36%
20) 72%
21) 91%
22) 7%
23) 21%
24) 22%
25) 2%
26) 56%
27) 62%
28) 30%
29) 63%
30) 52%
31) 66%
32) 62%
33) 71%
34) 34%
35) 4%
36) 63%
37) 31%
38) 48%
39) 58%
40) 69%
41) 28%
42) 64%
43) 40%
44) 23%
45) 17%
46) 6%
47) 13%
48) 39%
49) 37%
50) 6%
51) 98%
52) 67%
53) 49%
54) 20%
55) 34%
56) 3%
57) 95%
58) 12%
59) 65%
60) 36%

ANSWERS

1) 21.40	**11)** 40.81	**21)** 8.07	**31)** 7.83
2) 103.19	**12)** 78.09	**22)** 17.22	**32)** 67.45
3) 21.47	**13)** 37.15	**23)** 12.66	**33)** 9.12
4) 19.69	**14)** 101.49	**24)** 23.76	**34)** 89.58
5) 6.61	**15)** 96.42	**25)** 10.58	**35)** 49.55
6) 8.04	**16)** 81.17	**26)** 12.96	**36)** 32.76
7) 112.47	**17)** 58.42	**27)** 41.21	**37)** 18.25
8) 78.80	**18)** 6.40	**28)** 95.67	**38)** 13.17
9) 74.56	**19)** 9.44	**29)** 94.48	**39)** 15.32
10) 70.99	**20)** 25.56	**30)** 85.02	**40)** 18.01

ANSWERS

1) 1.37
2) 1.15
3) 1.08
4) 1.43
5) 0.54
6) 1.44
7) 1.15
8) 0.46
9) 0.4
10) 0.08
11) 0.36
12) 0.57
13) 0.84
14) 0.47
15) 0.04
16) 0.47
17) 1.12
18) 0.12
19) 0.38
20) 0.43
21) 0.2
22) 1.18
23) 0.27
24) 0.06
25) 1.13
26) 1.26
27) 0.53
28) 0.19
29) 1.3
30) 0.12
31) 0.95
32) 0.57
33) 0.6
34) 0.01
35) 1.27
36) 0.09
37) 0.32
38) 0.39
39) 0.54
40) 0.03
41) 0.38
42) 1.38
43) 0.77
44) 0.66
45) 1.34
46) 1.46
47) 0.38
48) 0.27
49) 0.44
50) 1.24

www.ingramcontent.com/pod-product-compliance
Lightning Source LLC
Chambersburg PA
CBHW041225040426

42444CB00002B/49